Begrip en Samenwerking tussen Religies

een toespraak door

Sri Mata Amritanandamayi

Mata Amritanandamayi Center, San Ramon
Californië, Verenigde Staten

Begrip en samenwerking tussen religies
Een toespraak van Sri Mata Amritanandamayi
Vertaald door Swami Amritaswarupananda Puri

Uitgegeven door:
Mata Amritanandamayi Center
P.O. Box 613
San Ramon, CA 94583
Verenigde Staten

> ----*Understanding & Collaboration
> Between Religions (Dutch)*----

Copyright © 2006 door Mata Amritanandamayi Mission Trust, Amritapuri, Kerala 690546, India
Alle rechten voorbehouden. Niets uit deze uitgave mag worden opgeslagen in een geautomatiseerd gegevensbestand, verveelvoudigd, of openbaar gemaakt, in enige vorm of op enige wijze, hetzij elektronisch, mechanisch, door fotokopieën, opnamen, of op enige andere manier, zonder voorafgaande schriftelijke toestemming van de uitgever.

Eerste uitgave door het MA Center: mei 2016

In Nederland:
www.amma.nl
info@amma.nl

In België:
www.vriendenvanamma.be

In India:
www.amritapuri.org
inform@amritapuri.org

Sri Mata Amritanandamayi

Inleiding

Op 2 mei 2006 hield Amma de toespraak 'Begrip en samenwerking tussen religies' in het Rubin Kunstmuseum in het Chelsea District van Manhattan. Dit was een onderdeel van de vierde jaarlijkse James Parks Morton Interfaith Award Ceremony in het Interfaith Center in New York.

Het Interfaith Center in New York (ICNY) verleende de onderscheiding in 2006 aan Amma voor haar voortreffelijke werk bij het bevorderen van 'interreligieus begrip en respect', het belangrijkste doel van het ICNY. "Amma's leven is gewijd aan tolerantie," zei de oprichter van het Rubin Museum, Donald Rubin, toen hij Amma introduceerde voordat ze de onderscheiding ontving. "Door contact te zoeken en alle mensen te accepteren door hen te omhelzen overstijgt ze alle religies en politieke tegenstellingen. De acceptatie en de liefde die de omhelzing creëert is het geneesmiddel dat we allemaal nodig hebben. Het is de troost die onze moeders ons gaven toen we kleine kinderen waren. Het is die heling die Amma aan de wereld heeft gegeven."

Het ICNY was vooral onder de indruk van de omvangrijke hulp die Amma's ashram verleende na de tsunami die Azië in 2004 trof, en wilde graag Amma's ideeën over interreligieus begrip en samenwerking horen in het licht van die ervaring.

"Wanneer natuurrampen zich voordoen, gaat het hart van de mensen open, waarbij men gedachten aan kaste, religie en politiek overschrijdt," zei Amma in haar toespraak. "Maar de niet-oordelende houding en het mededogen dat de mensen in zulke situaties laten zien, verdwijnen weer net zo snel als ze gekomen zijn. Als we echter die vlam van mededogen in ons brandend kunnen houden, kan dat de duisternis om ons heen verdrijven."

Hoewel Amma haar toespraak in haar moedertaal, het Malayalam, gaf, kon iedereen die de plechtigheid bijwoonde naar een simultane Engelse vertaling luisteren. Amma's woorden waren niet de theorie van een geleerde. Ze waren doordrongen van haar verlichting en persoonlijke ervaring en als zodanig legden ze

Inleiding

echt gewicht in de schaal, een gewicht dat een zichtbare indruk op alle aanwezigen maakte.

Hoewel Amma de noodzaak van religie accepteerde, benadrukte zij voortdurend hoe belangrijk het is dat de beoefenaars van iedere religie doordringen tot de kern van hun geloof. "Zoals men het sap uit het suikerriet zuigt en de vezels uitspuugt, zo moeten de religieuze leiders hun volgelingen aanmoedigen om spiritualiteit, wat de essentie van de religie is, in zich op te nemen en niet te veel belang te hechten aan de uiterlijke aspecten. Helaas eten velen tegenwoordig de vezels en spugen ze de essentie uit," zei Amma.

Amma betreurde het ook dat, terwijl heiligen en wijzen belang hechten aan spirituele waarden, hun volgelingen vaak meer belang hechten aan instellingen en organisaties. Amma zei: "Als gevolg daarvan zijn de religies, die bedoeld waren om vrede en rust te verspreiden door de mensen samen te rijgen aan de krans van de liefde, de oorzaak van oorlogen en conflicten geworden. Door onze onwetendheid en beperkte perspectief sluiten we de grote zielen op in de kleine hokjes van religie.

In hun naam hebben we onszelf opgesloten in de gevangenis van het ego en zijn doorgegaan met het opblazen van ons ego en zijn met elkaar gaan vechten. Als dit doorgaat, zal begrip en samenwerking altijd een illusie blijven."

Tot besluit zei Amma dat er één woord is dat de oplossing voor bijna alle problemen in de huidige wereld is: 'mededogen'. Amma benadrukte hoe belangrijk het is dat alle gelovigen van elke religie de arme en noodlijdende mensen dienen. "Het helpen van de armen en noodlijdende mensen is echt gebed," zei Amma. "Zonder mededogen zijn alle inspanningen tevergeefs."

Toen Amma klaar was, klonk er luid applaus in de zaal van het Rubin Kunstmuseum en weldra kwamen de mensen die bij de plechtigheid aanwezig waren naar voren om persoonlijk Amma's liefdevolle omarming te ontvangen. Hieronder waren veel mensen die tegelijk met Amma onderscheiden waren.

Swami Amritaswarupananda Puri
Vice-voorzitter
Mata Amritanandamayi Math

Naast Amma werden vijf anderen onderscheiden:
de winnaar van de Nobelprijs in 2005
Dr. Mohammed Elbaradei, Directeur-generaal van de International Atomic Energy Agency;
Rechter aan het Amerikaanse Hooggerechtshof Stephen G. Breyer;
de Amerikaanse acteur Richard Gere, voor zijn werk als directeur van Healing the Divide en als voorzitter van het bestuur van de International Campaign for Tibet;
Imam Feisal Abdul Rauf, de imam van Masjid Al-Farah en Daisy Khan, de Directeur-generaal van de American Society for Muslim Advancement.
Anderen aan wie de ICNY de Interfaith Award in het verleden heeft toegekend zijn o.a. drie winnaars van de Nobelprijs voor de vrede: Zijne Heiligheid de Dalai Lama, Aartsbisschop Desmond Tutu, Shirin Ebadi en de voormalige president van de Verenigde Staten Bill Clinton.

Begrip en samenwerking tussen religies

Acceptatietoespraak door
Sri Mata Amritanandamayi
voor het Interfaith Center in New York
op 2 mei 2006, New York City

Begrip en samenwerking tussen religies

Ik buig voor allen hier, die de belichaming van Zuivere Liefde en het Hoogste Bewustzijn zijn.

Allereerst wil ik het Interfaith Center in New York gelukwensen. Moge deze organisatie onder de bekwame leiding van de Hoogeerwaarde James Parks Morton in staat zijn om het licht van liefde en vrede in vele duizenden harten te ontsteken. Het Interfaith Center verdient bijzondere waardering voor zijn zorgzame activiteiten na de tragedie van 11 september, die het leven eiste van duizenden mensen onder wie ook onschuldige kinderen. Ik wil deze gelegenheid ook gebruiken om te zeggen dat ik erg gelukkig ben dat deze conferentie gehouden kon worden en ook met het vertrouwen dat u in mij hebt gesteld.

In feite komt het alleen door de onbaatzuchtigheid en zelfopoffering van miljoenen vrijwilligers over de hele wereld dat Amma de samenleving wat hulp heeft kunnen bieden. Eigenlijk gaan deze onderscheiding en erkenning naar hen. Ik ben slechts een instrument.

Het onderwerp van de toespraak van vandaag 'Begrip en Samenwerking tussen Religies' is al op duizenden forums over de hele wereld besproken. En hoewel zulke discussies en het werk van organisaties zoals deze, religies in bepaalde mate samengebracht hebben, blijven vrees en angst over de wereld en haar toekomst ons kwellen.

Wil deze situatie veranderen, dan hebben we beter begrip en meer samenwerking tussen religies nodig. Zowel religieuze leiders als staatshoofden bevestigen dit punt duidelijk op bijeenkomsten zoals deze, maar we kunnen in handelen vaak niet dezelfde duidelijkheid tonen als in woorden. We delen vele ideeën op deze bijeenkomsten, maar wanneer we ze in de praktijk proberen te brengen, kunnen we dat niet door druk van allerlei kanten. Een bijeenkomst zonder een open hart is als een parachute die niet opengaat.

Elke religie heeft twee aspecten: het ene zijn de filosofische leringen zoals die in de geschriften worden uitgelegd, het andere is spiritualiteit.

Een toespraak van Sri Mata Amritanandamayi

Het eerste is het uiterlijk omhulsel van de religie en spiritualiteit is de innerlijke essentie. Spiritualiteit is wakker worden voor je ware aard. Degenen die moeite doen om hun Ware Zelf te leren kennen, zijn de echte gelovigen. Wat je religie ook is, als je de spirituele grondbeginselen begrijpt, kun je het uiteindelijke doel, de realisatie van je ware aard, bereiken. Als er honing in een fles zit, dan doet de kleur van de fles er niet toe. Als we daarentegen de spirituele principes niet in ons opnemen, dan is religie alleen maar een blind geloof dat ons beperkt.

De kern van religie is het transformeren van onze geest. Om dit te bereiken moet men spiritualiteit, de innerlijke essentie van religie, in zich opnemen. Eenheid van hart brengt religieuze eenheid tot stand. Als onze harten zich niet verenigen dan zullen we, in plaats van één te worden als groep, van elkaar vervreemden en dan zullen onze inspanningen versnipperd zijn.

Religie wijst ons de weg, als een wegwijzer. Het doel is spirituele ervaring.

Iemand wijst bijvoorbeeld naar een boom en zegt: "Kijk naar die boom. Zie je die vrucht aan die tak hangen? Als je die eet, verkrijg je onsterfelijkheid!" Wat we dan moeten doen is in de boom klimmen, de vrucht plukken en opeten. Als we in plaats daarvan de vinger van die persoon vastpakken, zullen we nooit van de vrucht kunnen genieten. Dit staat gelijk met je vastklampen aan de woorden van de geschriften in plaats van het begrijpen van de spirituele principes waarnaar ze verwijzen.

Zoals men het sap uit het suikerriet zuigt en de vezels uitspuugt, zo moeten de religieuze leiders hun volgelingen aanmoedigen spiritualiteit, de essentie van de religie, in zich op te nemen en niet te veel belang te hechten aan de uiterlijke aspecten. Helaas eten velen tegenwoordig de vezels en spugen ze de essentie uit.

De kracht van religie ligt in spiritualiteit. Spiritualiteit is het cement dat het gebouw van de samenleving sterk maakt. Religie beoefenen en een leven leiden zonder spiritualiteit in je op te nemen is als het bouwen van een toren door alleen maar bakstenen op te stapelen zonder ooit cement te gebruiken. Die toren zal gemakkelijk instorten. Religieus geloof zonder spiritualiteit wordt net zo levenloos als

Een toespraak van Sri Mata Amritanandamayi

een lichaamsdeel dat van de bloedsomloop is afgesneden.

Atoomenergie kan gebruikt worden om op te bouwen of te vernietigen. We kunnen het gebruiken om elektriciteit op te wekken voor het welzijn van de wereld, maar we kunnen ook een atoombom maken die alles vernietigt. De keuze is aan ons. Het in je opnemen van het spirituele aspect van religie is als het opwekken van energie uit het atoom, terwijl religie zonder een spiritueel perspectief tot ernstig gevaar leidt.

Ook in vroeger tijden bestonden in diverse culturen het kastenstelsel en andere sociaal-religieuze indelingen. Toen waren zulke verschillen openbaar en voor iedereen duidelijk zichtbaar. Tegenwoordig echter spreken we alsof we ons in hoge mate bewust zijn van het belang van religieuze eenheid en gelijkheid, maar in ons blijven haat en het verlangen naar wraak woeden. In vroeger tijden waren de problemen vooral op het grove niveau, maar nu zijn ze op het subtiele niveau en daarom zijn ze krachtiger en doordringender.

Amma herinnert zich een verhaal: Er was eens een beruchte misdadiger in een stad. Iedere avond om 7 uur hing hij bij een bepaalde straathoek rond, waar hij de vrouwen en jonge meisjes die daar voorbijkwamen, lastigviel. Uit angst durfde geen vrouw na zonsondergang over die straat te gaan. Ze verborgen zich achter de gesloten deuren van hun huizen. Verscheidene jaren gingen zo voorbij. Toen op een dag stierf de misdadiger plotseling.

Maar ook na de dood van de misdadiger bleven de vrouwen in die wijk na zonsondergang binnen. Verbijsterd vroegen sommige mensen waarom niemand zich buiten waagde. De vrouwen antwoordden: "Toen hij nog in leven was, konden we hem met onze eigen ogen zien. We wisten waar en wanneer hij er stond. Maar nu valt zijn geest ons aan. Dus nu kan hij ons overal op ieder moment aanvallen! Omdat hij nu subtiel is, is hij krachtiger en overal aanwezig." Hetzelfde is het geval met de huidige sociaal-religieuze verdelingen.

In feite is religie een beperking die door mensen geschapen is. Bij onze geboorte hadden we geen conditionering of beperkingen ten aanzien van religie of taal. Deze zijn ons aangeleerd en hebben ons in de loop van de tijd geconditioneerd. Zoals een jong plantje een omheining nodig heeft, zo is deze conditionering in bepaalde mate noodzakelijk. Als het boompje eenmaal een boom is geworden, 'overschrijdt' het de omheining. Op dezelfde manier moeten wij voorbij onze religieuze conditionering gaan en 'onvoorwaardelijk' worden.

Er zijn drie dingen die een mens menselijk maken: 1. Het intense verlangen de betekenis en de diepte van het leven te kennen door te denken en onderscheid te maken; 2. De wonderbaarlijke gave liefde te geven; 3. Het vermogen blij te zijn en blijdschap aan anderen te geven. Religie hoort de mensen te helpen om aan alle drie vorm te geven. Alleen dan zullen religie en mensen volledig worden.

Terwijl grote zielen belang hechten aan spirituele waarden, hechten hun volgelingen vaak meer belang aan instellingen en organisaties. Het gevolg ervan is dat juist de religies de oorzaak van oorlogen en conflicten zijn geworden, terwijl ze bedoeld waren om vrede en rust te verspreiden door de mensen als kralen samen te rijgen aan het snoer van de liefde.

Vanuit onze onwetendheid en beperkt perspectief sluiten we de grote zielen op in de kleine hokjes van religie. In hun naam hebben we onszelf opgesloten in de gevangenis van het ego en zijn doorgegaan met het opblazen van ons ego en zijn met elkaar gaan vechten. Als dit zo doorgaat, zal begrip en samenwerking altijd een illusie blijven.

Eens probeerden twee mannen op een tandem een steile heuvel op te gaan. Hoewel ze uit alle macht zwoegden, kwamen ze slechts een klein stukje omhoog. Vermoeid en afgemat stapten ze op een gegeven moment af om te rusten. Bezweet en buiten adem zei de voorste: "Wat een heuvel! Hoe hard we ook trappen, we schieten niks op! Ik ben kapot en mijn rug doet vreselijk pijn!"

Toen de man die achter reed dit hoorde, zei hij: "Hé maatje, je denkt dat jij moe bent! Maar als ik niet de hele tijd op de rem had gestaan, zouden we de hele weg weer naar beneden gegleden zijn!"

Een toespraak van Sri Mata Amritanandamayi

Dit is wat we tegenwoordig, bewust of onbewust, doen in naam van wederzijds begrip en samenwerking. We openen ons hart niet vanwege het diepgewortelde wantrouwen dat we tegenover elkaar hebben.

De principes van liefde, mededogen en eenheid zijn de kern van elke religieuze leer.

Het christendom zegt: "Heb uw naaste lief als uzelf." Het hindoeïsme zegt: "We moeten bidden dat anderen mogen krijgen wat wij voor onszelf wensen." De islam zegt: "Als de ezel van je vijand ziek wordt, moet je ervoor zorgen." De joodse leer zegt: "Je naaste haten staat gelijk aan jezelf haten." Het principe dat hier wordt overgebracht is hetzelfde, hoewel het op een verschillende manier wordt uitgedrukt. De strekking van al deze uitdrukkingen is: omdat dezelfde Ziel, of Atman, in alle dingen verblijft, moeten we alles als Eén zien en dienen. Door het verwrongen intellect van de mensen interpreteren ze deze principes op een beperkte manier.

Amma herinnert zich een verhaal. Eens schilderde een beroemd kunstenaar een schilderij van een bekoorlijke jonge vrouw. Iedereen die het schilderij zag, werd verliefd op haar. Sommigen vroegen de schilder of de vrouw zijn geliefde was. Toen hij dat ontkende, wilden ze allemaal per se met haar trouwen, ze waren vastberaden en stonden niet toe dat iemand anders met haar zou trouwen.

Ze eisten: "We willen weten waar we deze mooie vrouw kunnen vinden."

De schilder zei tegen hen: "Het spijt me, maar ik heb haar nooit gezien. Ze heeft geen nationaliteit, religie of taal. Wat jullie in haar zien, is ook niet de schoonheid van een individu. Ik heb eenvoudig ogen, een neus en een vorm gegeven aan de schoonheid die ik in mezelf zie."

Maar niemand geloofde de woorden van de schilder. Kwaad beschuldigden ze hem en zeiden: "Je liegt tegen ons. Je wilt haar gewoon voor jezelf houden!"

De kunstenaar zei rustig: "Alsjeblieft, vat dit schilderij niet te oppervlakkig op. Zelfs als jullie de hele wereld afzoeken, zullen jullie haar niet vinden. En toch is ze de essentie van alle schoonheid."

Toch werden de mensen, die de woorden van de schilder negeerden, verliefd op de verf en het schilderij. In hun intense verlangen om de jonge vrouw te bezitten, maakten ze ruzie, vochten met elkaar en kwamen uiteindelijk om.

Wij zijn ook zo. Tegenwoordig zoeken we naar een God die alleen in afbeeldingen en geschriften bestaat. Bij die zoektocht zijn we de weg kwijtgeraakt.

De geschriften zeggen dat wij allemaal de wereld door een gekleurde bril zien. We zien in de wereld wat we willen zien. Als we met ogen vol haat en rancune kijken, dan zal de wereld er voor ons ook precies zo uitzien. Maar als we met ogen vol liefde en mededogen kijken, dan zullen we overal alleen Gods schoonheid zien.

Amma heeft van een experiment gehoord om vast te stellen of deze wereld werkelijk is zoals we hem waarnemen. De onderzoekers gaven een jongeman een bril die zijn waarneming vervormde. Ze instrueerden hem de bril zeven dagen lang onafgebroken te dragen. De eerste drie dagen was hij erg rusteloos, omdat zijn waarneming erg verstoord was. Maar daarna pasten zijn ogen zich volledig aan de bril aan en de pijn en het ongemak verdwenen volledig. Wat de wereld er eerst vreemd en vervormd deed uitzien, scheen later normaal voor hem.

Op dezelfde manier dragen wij ook allemaal een andere bril. Door die bril zien we de wereld en religie. En we reageren overeenkomstig. Daardoor zijn we vaak niet in staat om de mensen echt als mensen te zien.

Amma herinnert zich een ervaring die een religieuze leider vele jaren geleden met haar deelde. Hij ging een plechtigheid in een ziekenhuis in Hyderabad in India bijwonen. Toen hij uit de auto stapte en naar het ziekenhuis liep, zag hij dat aan beide kanten van het pad een heleboel vrouwen in een rij stonden om hem te ontvangen met olielampjes en ongekookte rijst, zoals in India gebruikelijk is bij belangrijke gasten. Toen hij tussen hen door liep, doopten ze de rijst in de olie en gooiden het in zijn gezicht. Hij zei tegen Amma: "Het was allesbehalve een warm welkom. Het was eerder een welkom vol kwaadheid en tegenwerking. Ik gebaarde hen te stoppen en bedekte mijn gezicht met mijn handen, maar ze gingen gewoon door."

Later informeerde hij of de mensen die in de rij stonden om hem te ontvangen, in God geloofden. De eigenaar van het ziekenhuis vertelde hem dat het gelovige mensen waren en dat het zijn werknemers waren. Hij antwoordde daarop: "Ik denk het toch niet, omdat ik kwaadheid en rancune in hun gedrag kon voelen."

Omdat de eigenaar vermoedde dat er iets aan de hand was, stuurde hij iemand eropuit om het incident te onderzoeken. Dit is wat hij zag: de mensen die de religieuze leider verwelkomd hadden, zaten bij elkaar in een kamer te lachen. Met minachting in haar stem pochte een van hen luid: "Ik heb die duivel er flink van langs gegeven!"

De werknemers bleken tot een ander geloof te behoren. Omdat hun baas het hun had opgedragen, moesten ze de gast wel ontvangen. Maar ze hadden geen benul van wat ware religie is of spirituele cultuur. In hun manier van denken waren mensen van een ander geloof geen mensen, maar duivels.

Er zijn twee soorten ego. Het ene is het ego van macht en geld, maar de tweede soort is destructiever. Dat is het ego dat voelt: "Alleen mijn religie en standpunt zijn juist. Alle anderen zijn verkeerd en overbodig. Ik tolereer niets anders." Dit is alsof je zegt: "Mijn moeder is goed, maar die van jou is een prostituee!" Dit soort denken en gedrag is de oorzaak van alle religieuze wrijving. Als we deze twee soorten ego niet uitroeien, zal het moeilijk zijn vrede in de wereld tot stand te brengen.

De bereidheid naar anderen te luisteren, het vermogen hen te begrijpen en de ruimdenkendheid om zelfs diegenen te accepteren die het niet met ons eens zijn, dat zijn de tekenen van echte spirituele ontwikkeling. Helaas zijn het juist deze eigenschappen die in de wereld van vandaag ontbreken.

Niettemin gaat het hart van de mensen open, wanneer er zich natuurrampen voordoen, en dan overstijgt men de denkbeelden van kaste, religie en politiek. Toen de tsunami Zuid Azië trof, verdwenen alle barrières van religie en nationaliteit. Alle harten deden pijn uit medeleven met de slachtoffers. Alle ogen stortten tranen samen met hen. En alle handen kwamen te hulp om die tranen te drogen en de mensen bij te staan.

Een toespraak van Sri Mata Amritanandamayi

Talrijk zijn de gelegenheden waarbij mijn hart vol vreugde was, als ik atheïsten en mensen die tot verschillende politieke partijen and religies behoorden, dag en nacht zag samenwerken met de bewoners van onze ashram (klooster) in een geest van zelfopoffering. Maar die niet-oordelende houding en het mededogen dat de mensen in zulke situaties laten zien, verdwijnen weer net zo snel als ze gekomen zijn. Als we echter in staat zijn om die vlam van mededogen in ons brandend te houden, kan dat de duisternis om ons heen verdrijven. Moge op deze manier het sprankje mededogen in ons uitgroeien tot een onstuimige stroom. Laten we dat vonkje liefde omzetten in een schittering die fel brandt als de zon. Dit zal hemel op aarde creëren. Het vermogen dit te doen is in ons allen aanwezig. Het is ons geboorterecht en ware aard.

Wat voor kleur een ballon ook heeft, als we hem met helium vullen, zal hij de lucht in gaan. Op dezelfde manier kunnen mensen van alle religies tot grote hoogten stijgen als ze hun hart met liefde vullen.

Amma herinnert zich een verhaal. Op een keer kwamen de kleuren van de wereld bijeen.

Iedereen beweerde: "Ik ben de belangrijkste en meest geliefde kleur." Het gesprek liep uit op ruzie.

Groen verklaarde trots: "Ik ben echt de belangrijkste kleur. Ik ben het teken van leven. Bomen en struiken, alles in de natuur heeft mijn kleur. Moet ik nog meer zeggen?"

Blauw viel hem in de rede: "Hé, hou op met je geklets! Jij praat alleen maar over de aarde. Zie je de hemel en de oceaan niet? Ze hebben allemaal een blauwe kleur. En water is de basis van het leven. Alle eer aan mij, de kleur van oneindigheid en liefde."

Toen rood dit hoorde, schreeuwde hij: "Nou is het genoeg! Laat iedereen zijn mond dichthouden! Ik ben de heerser over jullie allemaal. Ik ben bloed. Ik ben de kleur van kracht en moed. Zonder mij is er geen leven."

Onder dit geschreeuw zei wit zachtjes: "Jullie hebben allemaal je pleidooi gehouden. Ik heb slechts een ding te zeggen: vergeet de waarheid niet, dat ik de grondslag van alle kleuren ben."

Niettemin kwamen er nog veel meer kleuren naar voren, die allemaal hun grootheid en superioriteit over de anderen bezongen. Geleidelijk ontwikkelde zich wat als een discussie begonnen was, tot een woordenstrijd. De kleuren waren zelfs bereid elkaar te vernietigen.

Plotseling werd de lucht donker. Er was donder en bliksem, gevolgd door zware regen. Het waterniveau steeg snel. Bomen werden ontworteld en de hele natuur was in rep en roer.

Trillend van angst riepen de kleuren hulpeloos uit: "Red ons!" Toen hoorden ze een stem uit de hemel: "Kleuren, waar zijn jullie ego en valse trots nu? Jullie vochten dwaas om de overmacht en nu bibberen jullie van angst, omdat jullie zelfs je eigen leven niet kunnen beschermen. Alles waarvan jullie beweren dat het van jullie is, kan in een ogenblik vergaan. Jullie moeten één ding goed begrijpen: hoewel ieder van jullie anders is, zijn jullie allemaal onvergelijkelijk. God heeft ieder van jullie met een ander doel geschapen. Om jezelf te redden moeten jullie hand in hand samengaan. Als jullie in eenheid samengaan, kunnen jullie opstijgen en je over het firmament uitstrekken. Jullie kunnen de regenboog met alle zeven kleuren worden, die harmonisch naast elkaar staan, het symbool van vrede en schoonheid, het teken van hoop voor morgen. Vanaf die hoogte verdwijnen alle verschillen en zie je alles als één. Mogen jullie eenheid en harmonie een inspiratie voor iedereen worden."

Mogen we steeds wanneer we een prachtige regenboog zien, ons geïnspireerd voelen om als team samen te werken met wederzijds begrip en waardering.

Religies zijn als de bloemen die gerangschikt zijn om God te aanbidden. Hoe mooi zou het zijn als ze zich als één zouden opstellen! Ze zouden dan de geur van vrede over de hele wereld verspreiden.

Religieuze leiders moeten het voortouw nemen om het vredeslied van universele eenheid en liefde te zingen. Ze moeten de spiegels van de wereld zijn. De spiegel wordt niet voor zichzelf schoongemaakt, maar opdat degenen die erin kijken hun gezicht beter schoon kunnen maken. Religieuze vertegenwoordigers moeten rolmodellen worden. Het voorbeeld dat religieuze leiders geven, zal de zuiverheid van de handelingen en gedachten van hun volgelingen bepalen. Alleen wanneer edelmoedige mensen de religieuze idealen in de praktijk brengen, zullen hun volgelingen dezelfde mentaliteit in zich opnemen en geïnspireerd worden edelmoedig te handelen.

In zekere zin moet iedereen een rolmodel worden, omdat er altijd iemand is die ons voorbeeld volgt. Het is onze plicht om rekening te houden met de mensen die naar ons opkijken. In een wereld van goede voorbeelden zullen er geen oorlog en geen wapens zijn. Ze zullen gereduceerd worden tot niets meer dan een kwade droom die we lang, lang geleden hadden. Wapens en munitie zullen voorwerpen worden die ergens in een museum bewaard worden als symbool van ons verleden, toen de mensen afdwaalden van de weg die naar hun doel leidt.

Onze fout is dat we misleid zijn door de oppervlakkige aspecten van religie. Laten we deze fout corrigeren. Laten we samen het wezen van religie vormgeven: universele liefde, een zuiver hart en overal de eenheid zien. We leven in een tijdperk waarin de hele wereld teruggebracht wordt tot een mondiaal dorp. Wat we nodig hebben is niet alleen religieuze tolerantie, maar diep wederzijds begrip. We moeten wanbegrip en wantrouwen loslaten.

Begrip en Samenwerking tussen Religies

Laten we het donkere tijdperk van rivaliteit vaarwel zeggen en laat dit het begin zijn van een nieuw tijdperk van creatieve samenwerking tussen de religies. We zijn net het derde millennium ingegaan. Moge de toekomstige generatie dit het millennium van religieuze vriendschap en samenwerking noemen.

Amma wil graag een paar suggesties aan de hand doen die iedereen kan overwegen:

1) Een oplossing van één woord voor bijna alle problemen in de wereld van vandaag is 'mededogen'. De essentie van alle religies is meedogend voor anderen zijn. Religieuze leiders moeten het belang van mededogen benadrukken door het voorbeeld van hun eigen leven. Goede voorbeelden zijn uiterst zeldzaam in de huidige wereld. Religieuze leiders moeten het initiatief nemen om in deze leegte te voorzien.

2) Als gevolg van onze uitbuiting van de natuur en door een algemeen gebrek aan bewustzijn is de aarde sterk vervuild geraakt. Religieuze leiders moeten campagnes voeren om de mensen bewust te maken van het belang van milieubescherming.

3) We zijn misschien niet in staat natuurrampen af te wenden. En omdat mensen geen controle over hun ego hebben, is het misschien ook niet mogelijk oorlog en andere conflicten helemaal te voorkomen. Maar als we het ons écht voornemen, kunnen we zeker honger en armoede uitroeien. Alle religieuze leiders moeten doen wat ze kunnen om dit doel te bereiken.

4) Om begrip tussen religies te bevorderen moet iedere religie centra opzetten waar de leringen en de geschriften van andere religies diepgaand bestudeerd worden. Dit moet met een open houding en niet met bijbedoelingen gedaan worden.

5) Zoals de zon het licht van een kaars niet nodig heeft, zo heeft God niets van ons nodig. Het helpen van arme en hulpbehoevende mensen is het echte gebed. Zonder mededogen zullen al onze inspanningen tevergeefs zijn; dat is alsof je melk in een vieze pot giet, waardoor de melk bederft. Alle religies moeten benadrukken hoe belangrijk het is arme en lijdende mensen vol mededogen te dienen.

Laten we samen bidden en werken om een blije toekomst te scheppen, vrij van conflicten, waar religies in geluk, vrede en liefde samenwerken.

Moge de boom van ons leven
stevig in de grond van liefde geworteld zijn.
Laat goede daden
de bladeren aan die boom zijn.
Mogen vriendelijke woorden
zijn bloemen vormen,
Moge vrede zijn vruchten zijn.
Laten we als één familie groeien
en ons ontplooien,
in liefde verenigd,
zodat we ons verheugen
en onze eenheid vieren in een wereld
waar vrede en tevredenheid heersen.

www.ingramcontent.com/pod-product-compliance
Lightning Source LLC
Chambersburg PA
CBHW070048070426
42449CB00012BA/3192